사랑은 심장이 먼저 안다

사랑하기에도 너무 아까운 소중한 당신

당신

사랑은 심장이 먼저 안다
사랑하기에도 너무 아까운 소중한 당신

현대시문학

이 시집을 당신에게 바칩니다

시인의 말

우주의 한구멍에서나와 찰나지간에 한 생 살면서
사랑의 결기와 알리바이 하나 성글고
바람이 외로움 하나 결연히 쓸어넘길때
뜨거운 한 심장의 피는 방울방울 맺혀
저 우주에 한.밑.줄. 긋는다.
무덤까지 가져갈 한 편의 시가 된다면 좋겠다.

아네스여!

사랑은 심장이 먼저 안다
사랑하기에도 너무 아까운 소중한 당신

1부
함부로 사랑이라 말하지 말아라

2부
사랑이란거 한 번 시작해 볼래요

3부
사랑은 그리울때도 아름답다

4부
상사화

5부
마음이 하는 말

1부
함부로 사랑이라 말하지 말아라

한 방울의 맑은 아침이슬처럼
한잔의 그리움으로 사르르

가을

가을 한 잎
고독 한 잎
그리움 한 잎
그리고 기다림 한 잎
한 잎 한 잎이 모여 꽃을 피운다
함께 어우러진
사랑의 한 잎 꽃을 피운다.

도둑

가을이
내 마음을 훔친다.
사랑도
내 마음을 훔친다.

함부로 사랑이라고 말하지 말아라

함부로 사랑이라고 말하지 말아라
가슴으로 사랑할 줄 모른다면
하루를 살더라도
정을 토해내며 살고 싶고
나뉘고 나뉘어도
다시 하나가 될 수 있도록
목숨을 버려도 좋을만큼
사랑하고 싶더라도
사랑이라고
함부로 말하지 말아라
가슴으로 사랑할 줄 모른다면.

반짝인다고 해서 모두 보석이 아니다

가끔 주위 사람들로부터 괜찮은 사람 있으니
누구를 만나보라는 권유를 받을 때가 있습니다.
하지만 괜찮은 사람이라는 것만으로 사랑할 순 없기에
만나고 돌아서면 다시 혼자가 됩니다.
혼자는 외롭지만 그래도 어쩔 수 없습니다.
참 오래도록 혼자여도 할 수 없습니다.
반짝인다고 해서 모두 보석이 아니기에.

누가 나에게 사랑을 묻는다면

누가 나에게
당신의 사랑이 누구냐고 묻는다면
내 사랑은 당신이라고 할 것입니다.
내 생을 다하기 전 늦게나마 당신을 만나
당신을 사랑하게 할 수 있게 해주어
감사하다는 말도 덧붙일 것입니다.

누가 나에게
당신의 사랑은 어떠냐고 묻는다면
내 사랑은 그리움을 먹고 자라서
시린 가슴의 보석이라고 말할 것입니다.
사랑을 다해 사랑 하며 살다가
내 목숨 다할 때까지 가슴에 담아 가고 싶은
그런 사랑이라고 말할 것입니다.

누가 나에게
당신의 사랑은 무엇이냐고 묻는다면
그도 나에게
나도 그에게
서로의 심장이라고 말할 것입니다.

우리는

사랑하는 동안
서로에게 향기가 되자.

우리는
서로의 가슴에
아픈 상처를 보듬어 주자.
서로의 아픔과 고통을
감싸주고 이해하여
따뜻한 마음으로 안아주자.
나의 것을 더 준다 하여 아까워 말고
더 주지 못한 것을 안타까워하자.

우리는
사랑하는 동안
바다보다 깊고 깊은 사랑을
천년의 시간보다 많은 사랑을
하늘보다 높고 푸른 사랑을 생각하자.

사랑하는 동안
우리는
서로에게 향기가 되자.

세상에서 가장 아름답고
향기로운 꽃잎으로 물들자.

사랑 1

봄이면
피어나지 않고서는
견딜 수 없는 풀꽃처럼
한 여름의 메마른 대지를
적셔주는 비처럼
가을이면 어김없이
물드는 단풍처럼
겨울에 찾아오는
포근한 눈처럼
당신에게만
내 심장이 반응하는 사랑.

사랑 2

사랑이 오고 있다.
가을 햇살의 호위를 받으며
사각거리는 낙엽과 함께
창 너머의 바람을 타고
그가 오고 있다.
일렁이는 내 심장에 그가,
사랑이 오고 있다.

사랑 3

빗물로 오시나
꽃향기로 오시나
오, 내 사랑, 내 사람이여

하루에 하루를 더하듯
삼백육십오일을 더하고
또 몇 날을, 몇 달을 더하여
여름에서 가을로 가을에서 겨울로
겨울에서 봄으로,
다시 여름 지나 가을,
그리고 또 겨울로 그렇게
시린 가슴 오려 모아
오색빛깔 꽃물 들여 송이송이 피운 꽃
이내 가슴 구석구석 물들이고서

사랑, 내 사랑이여
바람으로 오시나
푸르른 그리움으로 오시나
꽃물로 물든 가슴
핏줄을 타고 돌다 기어히
툭 터지고 마는 그리움

다시 꽃이 되고 바람이 되고
연잎 위를 구르는 이슬이 되고
끝 끝에 매달린 눈물이 되고

사랑이여 사랑이여
그리움이여 그리움이여
새벽처럼 저벅저벅 오시나
아침 햇살로 환하게 오시나

사랑 4

사랑,
더도 덜도 말고
한 목숨 거는 것.

사랑 5

어떤 사람은
뜨겁고 열정적인
폭풍 같은 사랑을 하기도 하고
어떤 사람은
고요한 사랑을 하고
어떤 사람은
사랑이 다가 오기를 기다리고
어떤 사람은
사랑을 찾아 먼저 다가가고
또 어떤 사람은
짝사랑을 하며 가슴 아파 하고
그런가 하면
어떤 사람은
화선지에 먹빛 스미듯
잔잔하게 스며드는 사랑을 하고.

사랑 6

사랑 하나가
아무 기척도 없이
마음에 마음에
쑥 밀고 들어왔다.
가슴이 벅차다.
참 따뜻하다.
참 포근하다.

사랑은

찾아도
찾지 못한 사진처럼
구름에 가려
보이지 않는 별처럼
작은 바람에도
흔들리는 들꽃처럼
이길 수 없는 슬픔에
멈추지 않는 눈물처럼
어쩔 수 없는 아픔에
쉽게 잠들지 못한 밤처럼
사랑은
왜 아플수록 설레이고
더 그리우며
그리고 다시 아플까.

사랑은 첫 사랑처럼

연인들이
사랑을 할 때는
오래된 익숙함 이지만
사랑은
만날 때마다 첫 사랑인 것처럼
그렇게 하는 게 좋을 것 같습니다.

노크

빗방울 소리가
후두둑 후두둑
창문을 세차게 두드립니다
문을 활짝 열었습니다
그대가 오신줄 알았습니다.
바람소리가
덜커덩 덜커덩
창문을 세차게 흔듭니다
문을 활짝 열었습니다
그대가 오신줄 알았습니다.

심장이 좋다는데 어쩌겠어요

누구는
좋아하고 싶어서
사랑하고 싶어서
혼자 이렇게 힘들어
하는 줄 알아요.
나도
당신을 좋아하는게
당신을 사랑하는게
때론 너무 힘들어서
그만두고 싶을 때도 있어요.
그런데
어쩌겠어요
내 심장이 좋다는데.

하나가 아닌 둘

아시나요
그댄 혼자가 아니랍니다.
걱정하지 마세요.
그대 곁엔
늘 내가 있어 둘이니까요.

모두 다 사랑입니다

설레임만 사랑인가요
그리움만 사랑인가요
기다림만 사랑인가요
편안함과 지루함
권태기와 익숙함
이 모든 것들이
다 사랑입니다.

2부
사랑이란거 한 번 시작해 볼래요

한 방울의 맑은 아침이슬처럼
한잔의 그리움으로 사르르

사랑은 이렇게 마냥 좋은거

서로의 얼굴만 쳐다봐도 좋고
사랑은
둘이 함께 있다는 것만으로도 좋고
서로를 마주보는 눈빛으로도 좋고
말없이 가만히 서로를 안고 있어도 좋고
가끔 토라져 다투기도 하지만 그래도 좋고
사랑은 이렇게 마냥, 그냥 좋은 거다.

사랑을 할 때는

사랑을 할 때는
절대 두려움으로 시작하지 마세요.
시작된 만남에
미리 이별을 부여하지 마세요.
사랑을 하다가
사랑을 나누다가
헤어질 때 헤어지더라도
그대가 사랑하는
사람에게 최선을 다하세요.
두려움에 떠는 사랑은
활짝 피지 못합니다.
이별을 생각하는 사랑은
피어날 자신이 없기에
결코 오래가지 못합니다.

사랑은 어린아이처럼

사랑을 한다면
어린아이처럼 사랑하고 싶습니다.
무엇을 줘야하나
무엇을 받아야하나
얼만큼 줘야하나
얼만큼 받아야하나
얼만큼 다가가야하나
어디서 멈춰야하나
계산하지 않고
그저 사랑한다는 마음 하나로
그냥 사랑하고 싶습니다.
주고싶은 만큼 주고
투정부리고 싶을땐 투정도 부리고
표현하고 싶은 만큼 표현하며
그렇게 그렇게 어린아이처럼
순수하게 사랑하고 싶습니다.

사랑하니까

사랑하니까
나의 행복보단
당신의 행복을 바라고
사랑하니까
나의 슬픔보단
당신의 슬픔이 싫고
사랑하니까
나의 욕심보다
당신의 웃음을
지켜주고 싶습니다.

절반의 인생

내 인생의 절반은
당신을 만나기 위한 것이었나 봅니다.
그리고 나머지 절반은
당신을 사랑하며 살아갈 인생인가 봅니다.

그냥

당신
내가 왜 좋아?

……그냥……

그러는 당신은
내가 왜 좋아?

……그냥……

그건 바로 당신

소리 내어 부르지 않아도
그립다고 노래하지 않아도
눈으로 당기면 살포시 다가와
사르르 손등에 내려앉아
가슴 속 가득히
스며드는 이름 하나
그건 바로 당신.

마음이 가는 사람

내 마음이 항상 따라 나서는
마음이 가는 사람이 있습니다.

수많은 날을 그 사람을 그리워하고
그 그리움으로 행복을 주는 사람
그 그리움으로 기쁨을 주는 사람
그렇게 가슴이 채워지는 따뜻한 사람.

보고싶어…! 란 말이
가슴에 와 닿는 그런 사람
가슴에 꼭 새기고 싶은 사람

곱디곱게 꽃물든 한 잎으로
한 방울의 맑은 아침이슬처럼
한잔의 그리움으로 사르르
스며들듯 젖어드는 사람.
그렇게 하루에도 몇 번씩
마음이 가는 사람이 있습니다.

당신의 미소

당신의 미소가 참 좋아요
당신의 미소는 따뜻함이 있어
마음이 우울할 때 당신의 미소를
생각하면 스스로 즐거움에 젖습니다.
당신의 웃음이 참 좋아요
마음이 허전하고 서글퍼질 때
당신의 웃는 모습을 떠올리면
나도 모르게 편해지며 행복해 집니다.
그렇게 당신의 미소와 웃음은
내게 즐거움과 행복을 주는
사랑의 향기로 피어납니다.
그 향기에 하루를 시작하고
그 향기에 하루를 마감합니다.
그렇게 그 향기에 취한 내 마음은
마냥 햇살입니다.

당신

살면서 한 사람만을
오직 한 사람만을 그리워해야 한다면
눈 깜박이는 순간에도 그립고
함께 있어도 항상 애틋하여
두고두고 그리워해야 할 사람이 있다면
그건 바로 당신.
살면서 한 사람만을
오직 한 사람만을 사랑해야 한다면
아침에 눈을 뜬 후 일상을 같이하고
저녁이면 도란도란 하루를 얘기하며
환한 미소로 마주보며 웃고 싶은 사람
두 손을 마주잡고
인생의 한 걸음 한 걸음을
함께 걸어갈 한 사람
그 사람은 바로 당신.
하루를 살더라도
정을 토해내며 살아갈 오직 한 사람
그건 바로 사랑하는 당신이었으면 합니다.

오직 당신이기에 1

당신이기에
오직 당신이기에
그리움과 보고픔에 살아냅니다
당신이기에
오직 당신이기에
외로움도 그리움도 사랑이 됩니다
이 모든 마음은
다름아닌
오직 당신이기에
생겨난 마음입니다
그래서 당신만이
내 사랑입니다.

오직 당신이기에 2

먼 훗날
흐르는 세월에
백발이 되고 주름이 지고
세월만큼 빛이 바랜다 하여도,
내 어찌 당신을 사랑하는
마음까지 바래기야 하겠습니까.
살다가 살다가 지쳐
망설이다 망설이다
언제든 당신이 내게 온다면
나는 당신을 기꺼이
반겨 맞으며 포근히 감싸 안으렵니다.
젊은 날 차마 미처 다 피우지 못하고
꺼지지 않던 사랑의 불씨
눈을 뜨고 푸르게 피어나
그렇게 나는 당신을 다시 사랑할 것입니다
주름지고 나이를 먹어도
당신은 여전히 내사랑이기 때문입니다

하지만
지금은 세상이 너무 밝아
당신을 숨겨야 할 시간이라면
가슴깊이 곱디곱게 묻어두고
그리울 때 불러내어 사랑하렵니다.

가을 길을 걸으며

한 가위 보름달 두둥실 뜨던 날
온 가족 모여앉아 봉숭아물을 들였습니다.
그날 들인 봉숭아물이 손톱 끝에 가까울 때
그렇게 가을은 점점 더 깊어만 갑니다.

이 가을 길을 그대와 함께 걷고 싶습니다.

낙엽을 밟으면 사각거리는 소리가 들립니다.
그래서 가을엔 누구나 시인이 되나 봅니다.
낙엽 하나에 시 한 편이 되고
바람 한 점도 시 한 편이 되고
푸른 하늘이 시 한 편이 되고
사람들 표정 하나도 한 편의 시가 됩니다.
우리들 마음도 오색 빛으로 곱게 물들어
한 편의 시가 되도록
이 가을 길을 그대와 함께 걷고 싶습니다.

아침이슬

여기
하나에서 열까지
이길 수 없고
어이할 수 없는 슬픔.
아 아 지금은
보듬어 안을 수 없음에
끝끝내 이를 사려 무는
아침이슬 한 방울
하지만 그대여
가난하지만 정 깊은
내 웃음 잊지 말아라
사랑하는 사람아.

당신 하나로

당신 하나로
어딜 가나
함께 있는 그림자처럼
있는듯 없는듯
한몸처럼 의지가 되는
당신 하나로
무엇을 하든
손과 발을 대신하여
너울너울 아롱지는
빛으로 인도하는
당신 하나로
사랑이라는 보석으로
견고한 성을 쌓는
당신 하나로
나의 소중함을 일깨워주는
당신 하나로
사랑하는 당신 하나로
차고 넘치는 나의 삶은
당신 하나로 가득합니다.

내마음의 뜨락에

꽃이 피었습니다.
그대를 사랑하는
꽃이 피었습니다.
아 – 아 –
봄이 왔나 봅니다.

나에게 당신은

나에게 있어
당신이란 사람은
너무 좋아서
갖고 싶은 것 보다
잃을까봐 두려운
그런 소중함 입니다.
나에게 있어
당신이란 사람은.

사랑하기에도 너무 아까운 소중한 당신

나는 가끔씩
내 가슴에 당신을 가두어 보곤 합니다.
그렇게 내 안에 당신을 가두어 보면
못내 그리워 애태우지 않아도 되고
보고파 잠 못 드는 순간도 없어지곤 합니다.
당신의 숨소리도 새겨 넣곤 합니다.
그렇게 당신을 가끔씩 가두어 보면
보고 싶어서 너무도 보고 싶어서
남몰래 속울음을 삼키지 않아도 됩니다.
내 안에 당신이 있으니까요.
그렇게 내 가슴에 넣어둔 당신
그래서 내 사랑입니다.
반짝이는 그리움 하나에
뜨거운 사랑이 하고 싶을 땐
두 눈만 지긋이 감으면 됩니다.
그렇게 당신을 사랑하면 됩니다.
나에게 있어 당신은
사랑하기에도 너무 아까운
소중한 사람이기에
나는 가끔씩
당신을 내 가슴에 가두어 봅니다.

3부
사랑은 그리울때도 아름답다

따뜻한 그리움 한잔
뜨겁게 끓이는 날 있더라

이슬

그대
그 어떤 아픔에
눈가에 이슬 맺히던 날
어느덧 그 이슬 내게로 와
가슴 시린 멍울이 되어
뚝 떨어지지도 않고
창피하게 매달려 속만 태웁니다.

향기

눈길 주지 않아도
꽃은 향기로 사랑을 피우고
사랑하는 사람들은
사랑의 향기로 꽃을 피운다.

너무 추운 그리움

너무 추워서 그리운거 아나요
날씨 때문에 몸이 추워서 아픈게 아니라
햇볕이 내리쬐는 한 낮에도 춥고
두꺼운 이불을 덮어 쓰고도
온 몸을 바르르 떨게 되는 그리움
온 종일 맘 안에 이는 그 따끔함들
어떻게든 견뎌내지 않으면
눈물이 나고야 말 그리움.
혼자여서 싫은 그런 날,
오래도록 전화라도 붙들고
그 누군가, 마음 가는 이 있다면
끊지만 않는다면 전화를 걸고 싶은 날
그저, 너무 추워서 전화를 했어
라고 말하고픈 그리움.

나의 하루

하루는
님의 품에
안겨서 쉬고 싶지요
님의 따뜻한 품안에서
힘들고 지친마음 내려놓으며
님의 내음 맡고 싶어서

하루는
님의 가슴에
가만히 나의 마음을
기대고 싶을 때가 있지요
님의 가슴에
피곤한 나의 생각들 뉘이며
포근한 님의 낮은 숨소리 듣고 싶어서

하루는
님의 얼굴을
님의 두 눈을 마주보고 싶지요
님의 얼굴을 보며 두 눈을 보며
님의 두 손 맞잡고 싶어서

그러던 어느 하루는
이렇게 어지러운 내 생각들 때문에
힘든 님의 마음에 내 마음 보탤까봐
울고 싶은 내 마음에 님도 울까봐
사랑하는 님이 더 아파할까봐

아닌듯 아닌듯
가만히 가만히
미소 짓는다.

그럴 때가 있더라

바람 부는 날에는
너에게 바람타고 가고 싶을 때 있더라.
바람에 실린
한 점 꽃잎 같은 그리움으로

비가 오는 날에는
빗물이 되어
네 몸을 적시고 싶을 때가 있더라.
빗물에 섞인
탱글한 한 방울 설레임으로

눈길 닿은 자리마다엔
눈물보다 희디 흰 미소가
비 내리는 거리의 활짝 펴진
우산처럼 펼쳐지는 날 있더라.

그렇게
웃음 아닌 웃음꽃이
우산처럼 펴지는 날에는
살면서, 살면서
외로운 날에는

내 마음에 너를 담아
가슴으로 마시는 사랑차 한잔
따뜻한 그리움 한잔
뜨겁게 끓이는 날 있더라.

아름다운 그리움

사랑은 때론
그리울 때가 더 아름답기도 합니다.
사랑하는 이와 함께 하지 못하는
아쉬움에 목마르던 날들
그리움에 아파했던 날들
그 기다리는 시간마저도
서로 사랑 할 수 있어 행복하고
그리워하는 순간마저도 행복하기 때문입니다.
사랑은 둘이 함께 하는 행복도 있겠지만
때론 볼 수 없기에, 만날 수 없기에
사랑은 그리울 때가 더 아름답기도 합니다.

달빛 아래서

아들아
오늘 아비가
달빛이 하도 좋아 술 한 잔 했단다.
이래저래 많은 사람들이 생각날법도 한데
그리운 얼굴들이 다가올만도 한데
내 기억 속에 살아있는 수많은 사람들이

단 한 사람으로만 밝아오는
저 환장할 보름달 !

아들아
달빛이 하도 좋아서 술 한 잔 했단다.

사랑은 부재중

많은걸 바라지 않는답니다.
전 욕심쟁이가 아니니까요
그저
어느 맑은 날 하늘을 보고
"하늘 참 맑다"하며 같이 웃을 수 있으면 되고
비라도 오는 날이면
우산 같이 써줄 수 있으면 되고
바람 불어 좋은날
차 한잔 나눌 수 있으면 좋고
아침으로
오늘 하루 잘 지내라는
말 한마디면 충분 하지요
많은걸 바라지 않는답니다.
전 욕심쟁이가 아니니까요.
그런데
그런 작은 내 사랑이
지금은 부재중이랍니다.

외로운 날에는

모두 다 삶이 달라
제 각각 제 방식대로
사랑이니 우정이니 말을 하여도
어떤 이는 좋아서 그냥 만나고
어떤 이는 서로의 필요 때문에 만나고
그러다가 어느 순간 헤어지는 사람들
그렇게 만나고 헤어지는 세상사
텅 빈 가슴에 아픔의 생채기가 남고.
생각하면 눈물만 나는 세상
만나면 하고픈 얘기 많고
가슴을 열고 정을 토해내고 싶어도
정작 그런 날에는
함께 웃고, 함께 울어 줄 이가 없어
혼자 슬픔에 젖어
웃어도 보고 울어도 보지만
불현듯 외로운 날에는
아무도 만날 사람이 없다.

그리움은 꽃처럼

그리움은 꽃처럼
은은한 향내 풍기며
꽃 같은 그리움으로
수줍은 숨결 속에
은은한 빛처럼 스며들어
어느덧 그 향기 가득 하네

그리움은 꽃처럼
꽃 같은 그리움이 곱게도 피네.

계절

소리 없이 왔다가
소리도 내지 않고 가는 것이
유독 계절뿐이겠는가!

내마음 파문도
그대 언저리를 넘나들며
가고오는 몸살앓이 인데
꽃들의 춤이라고
희망이라 애기할 수 있겠는가!

마음 가는데로 그곳에 머물렀을 때
그곳 또한 희망인 것을.

나이

남자 나이 불혹을 넘기면
친구는 점점 적어지고 동료는 늘어간다.
계절이 깊어갈 땐
때론 소주 한 잔 이라도
삶의 허기를 채우는 따뜻한 위로가 되기를.

슬픔이 주는 위안

참 이상하게도
슬픔이 위안이 될 때가 있다.
바닥을 구르며 울부짖는
격한 분노나 고통이 아니라
맑고 투명한 컵 속에서
조용히 가라앉는
하얀 가루처럼
착하고 조용한 슬픔
그런 슬픔은
온갖 희노애락으로
들쑤셔진 마음을 차분하게 하고
세속의 욕망과 이기심에
휘둘려진 마음을
닦아주기도 하면서
세상의 벽에 부딪혀
낙담하고 절망 할때도
슬픔의 바닥까지 내려갔다 오면
또다시 아무렇지도 않은듯
하루하루를 살아내곤 한다.

그대

누가 뭐라 해도
그런 사람이 있습니다.
그저 바라만 봐도
좋은 그런 사람.
잠시여도 좋습니다.
그 사람의 따뜻한
눈을 바라볼 수만 있다면
그 사람의 목소리를
들을 수만 있다면
그 사람의 잔잔한
미소를 볼 수만 있다면
스치는 손끝으로도
세상을 다 가진 것 같은
그 사람만 있으면
모든게 사라진다 해도 괜찮은
그런 사람이 있습니다.

사랑하는 사람에겐

사랑하는 사람에겐
아무것도 바라지 않는다.
단지,
처음 자신을 사랑했던 그 맘
처음 자신에게 주었던 관심
처음 자신에게 보여줬던 웃음
처음 자신에게 느끼게 해줬던 따뜻함
처음 자신에게 매일매일 들려줬던 달콤한 말들
이것들이 변함없이 지켜지기를 바랄뿐.

그런 날

유독
그런 날이 있습니다.
생각보다 앞서
왈칵 눈물부터 나는 날
당신이 너무도 그립고
미치도록 보고 싶은 날
목소리로는 다 채워지지 않는 날
당장이라도 달려가서 안기고 싶은 날.

사랑은 어디서부터

어디서부터가 사랑일까요.
괜스레 걱정되고
까닭 없이 보고 싶은
그 마음부터가 사랑일까요.
머리로는 아니다고 하면서도
잠을 설칠 정도로
생각난다면 그때부터 사랑일까요.
알 수가 없네요.
도대체 어디서부터가 사랑일까요.
긴긴 시간이 지나
지나온 날들을 뒤돌아 볼 때
그래도 가슴이 아릿하다면
그것이 사랑이었을까요.

4부
상사화

안으로 파고들어
속으로 속으로만 피우는 꽃

잊어지겠습니까

잊어지겠습니까.
처음만나 그 설레이던 맘.
처음으로 손잡았던 날
잠 못 이루던 내 모습
처음으로 입 맞추던 날
그 짜릿함에 털석 주저앉아
한동안 일어나지 못했던 것도.
무슨 할 말이 그리 많았는지
핸드폰 배터리가 다 나갈 때까지
길고 긴 이야기를 나누며 지새우던 밤도
집 앞에 바래다주면서 귓속에
사랑한다고 속삭여줬던 수줍음도
집으로 들어가는 뒷모습을
보이지 않을때까지 지켜보던 것도
사소한 다툼 때문에 눈물 흘렸던 일도
행복한 생일을 보낼 수 있었던 것도
내 추억속의 주인공 이였던 당신.
그런 당신인데 어떻게 잊어지겠습니까.

상사화

사랑하면서도 만나지 못하여
서로 어긋나는 안타까움과
그 애타는 심정을
어긋나보지 않은 이들은
잘 모릅니다.
기다림이 얼마나
가슴 아픈 일인가를
연꽃 줄기마냥
질긴 기다림 속에
기다려보지 않은 이들은
잘 모릅니다.
그렇게 긴 기다림으로
모가지가 길어진 꽃술이
그리움을 만나 안으로
안으로 파고들어
속으로 속으로만 피우는 꽃.

행복한 사랑

내가 누군가를 사랑함에
마지막 생을 마치는 그 순간
그 한 사람을 위해
내 사랑을 바칠 수 있어
행복하게 떠날 수 있기를!

상처 1

피할 수 없이 존재하는 괴로움 이라면
그 괴로움을 편하게 받아들일 일이다.
내가 누군가 다른 이들의 마음에
상처를 입힌 것을 알고 겪어야 하는
나로 말미암은 괴로움 보다는
차라리 타인이 내게 입힌 상처로 겪는 괴로움이
견디기가 훨씬 쉬울 테니까.

상처 2

누군가 말했습니다.
이 세상에
상처 없는 사람은 없다고.
그래서 상처란
덜 아픈 사람이
더 아픈 사람을
안아주는 것이라고.

이별

그대의 삶에서 누군가 떠나갈 때
그 때문에 느끼는 아픔은
그가 당신에게 안겨준 기쁨에 비례할 것입니다.

존재 1

강물이
흩어지는 시간이다
어서 빨리
물방울 하나로 돌아가자.

존재 2

핏줄 속에 내장된
그 작은 떨림에
나는 오늘도
눈물로 눕는다.

들꽃

저 동산에 이름 없는 꽃들이 많다.
그 꽃들에 이름이 없다고
구태여 이름을 붙일 필요가 있는가.
내가 어떤 꽃에 사랑을 느낄 때
그 꽃의 이름을 모르면 어떠하랴
그 꽃에 사랑 할만한게 있어
그 사랑을 느꼈다면
그 꽃 그대로 사랑하면 되는 것을.

비오는날에

비 내리는 길가에
후리지아 노란 꽃들이
눈길 붙드네.
꽃 파는 아주머니
세살배기 아기에게
꽃 이름 가르치며 하는 말
후
리
지
아
꽃 사세요.

빈 벽

아무것도 없는 빈 벽
그러나
그 빈 벽 앞에 있는 그 무엇은
빈 벽의 배경 덕분에 돋보이는 것.
난
누구의
무엇의 빈 벽이 될까.

나는

나는
한가로이 떠다니는 구름이 되고 싶다
여름 한 낮 하늘에 그림 그리다
비가 되어 여기저기 흩어지면서
메마른 대지를 적셔주는 구름이 되고 싶다.

아니야 나는
길가에 뒹구는 조그만 돌이 되어
길손들의 발길마다 채이고 밟혀
이리저리 세상구경 하다가
크고 작은 소망을 기원하는 돌탑에 오르리.

아니야
난 털털한 이웃집 아저씨이고 싶어
너털웃음으로 아이들의 해맑은 눈동자를 보고
애정어린 손길로 머리를 쓰다듬으며
먼저 살아온 세상얘기 들려주는 아저씨이고 싶다.

아니야 아니야
나는 그저 가진 게 없어 여기저기 떠다니는
가난한 이웃들의 꿈이고 싶다.

행복이란

한번 죽지
두 번 죽는다드냐
그러니
사랑하는 사람과
살아야 하지 않겠느냐.
행복 이란게 별거드냐
사랑하는 사람과
같이 밥먹는것
하나 만으로도 행복인것을.

마음속에 비가 내리면

하늘에서 내리는 비는
우산으로 막아지지만
마음속에 내리는 비는
막을 시간도 없이
온몸을 적셔버린다.

거리

몸이 멀어지면
마음도 멀어진다고 하지요.
그런데 사랑하는 연인들을 보면
몸이 멀리 있다고
마음까지 멀리 있는 건 아니더군요.
그런가하면 때론
몸이 같이 있다고
마음까지 같이 있는 것도 아니구요.

안녕이란 말은

안녕이란 말은
일상에서 가장 많이 하는
말 중에 하나입니다.
서로 만나면 반가워서
하는 인사가 안녕입니다.
그래서 안녕이란 말은
웃으며 들을수록 반가운 말입니다.
안녕이란 말은
시작과 끝을 동시에 알리는
유일한 말이기도 합니다.
만남을 말하기도 하지만
이별을 말하기도 합니다.
그래서 안녕이란 말은
세상에서 가장 짧고
슬픈 말이 되기도 합니다.

5부
마음이 하는 말

어느날 문득
내가 그리우면
시집詩集을 보세요

그대여 1

그대여
어느날 문득
내가 그리우면
시집(詩集)을 보세요
그대에게 보내는
내 마음을 담은.

그대여 2

그대도 나를
느끼신다면
지금이 바로
우리가
사랑을 나눌
시간입니다.

할수만 있다면

허공에 창 하나 내고
하늘을 내려오게 하겠습니다.
하늘이 내려올 때,
별도 달도 함께 오게 하겠습니다.
그대에게 드리기위해.

풍경

내 마음이
하나의 풍경이라면
그 풍경 속으로
그대 마음의 풍경도
고스란히 옮겨놓고 싶습니다.

나의 길엔

늘 당신이 있었습니다
내가 돌아오는 길엔
늘 당신이 있었습니다.
그 자리에,
내가 만들어 놓은 그 자리에
당신이 있었습니다.

있잖아요

그대의 웃음을
살며시 안았더니
그대의 심장이
내 가슴에서 뛰네요.

그대 마음 밭에

낮에 왔다가
밤에 다시 왔습니다.
그렇게 내 발길은
그대 마음 밭에만
온 종일 왔다갔다 합니다.

좋아하는 꽃

그대는
카라꽃을 좋아합니다.
나는
내 가슴에 활짝 핀
'그대'라는 꽃을
제일 좋아합니다.

우체통

그대 마음이
우체통이라면
날마다 나는 그대에게
편지를 쓰겠어요.
그리움 가득담아
사랑을 가득담아.

만남

어느날 갑자기
눈앞이 환하게
밝아지며
심장이 요동을 쳤습니다.
거기에 그대가 있었습니다.

변화

심장이 멎으면
죽는줄 알았습니다.
그대를 보는순간
나의 심장이 멎었습니다.
그때부터 나의 심장은
오직 그대에게만
반응합니다.

궁금할때가 있어요

그대가 오시면
그대 발자국 소리를
내 심장이 먼저 들어요
나의 발자국 소리를
그대의 심장도 알아듣는지.

사랑이니까

슬픔을 나누면
절반이 되고
기쁨은 나누면 배가 된다고 하지만
그대 그리움은
나눌수록 더 많아지고
나눌수록 더 깊어지네요.

사랑

정처없는 마음이
어느 마음에 다가가
불꽃이 될까 싶었는데
그대 마음 만나고서
드디어 불꽃이 되었네요.

공원에서

벤치에 앉아
깊어가는 가을
지는 낙엽을 보았더니
그대 그리움 한 잎
추억도 한 잎
낙엽과 함께 같이 쌓이네요.

내 안에

놀라운 일입니다
한웅큼도 안되는
내 작은 가슴 안에
하늘과 산과
들과 바다가 있고.
이 모든걸 다 담고도 남는
그대 그리움이 있고.

아나요

홍수처럼 많은 비가
대지를 적셔도
그대 그리움에 젖은
내 마음은 적시지 못합니다.

배경

그대는
한떨기 아름다운 꽃
그 자리에 그대로 있으세요
내가 그대의
배경이 되어 드릴께요.

언젠가는

시계바늘이
한시에서 두시로 가듯
겨울이 가면 봄이 오듯
내 그리움이 그대에게 가서
꽃이 되는 날이 오겠지요.

찾아야 할 한사람

만약 이대로
나의 삶이 다하고
다음 생이 찾아온다면
반드시 찾아야 할 한 사람,
오직 당신입니다.

사랑의 시

외로움도 사랑
그리움도 사랑
이 모든 마음은
그대 때문에 생겨난 마음.
그래서 나는 떨어져 있어도 언제나
내 마음속에 있는 그대를 위해
오늘도 내 가슴에 사랑의 시를 담는다.

■

작품해설

사랑 그 존재의 형상

양준석 시집 『당신』

양하 시인(현대시문학 주간)

함부로 사랑이라고 말하지 말아라
가슴으로 사랑할 줄 모른다면
하루를 살더라도
정을 토해내며 살고 싶고
나뉘고 나뉘어도
다시 하나가 될 수 있도록
목숨을 버려도 좋을만큼
사랑하고 싶더라도
사랑이라고
함부로 말하지 말아라
가슴으로 사랑할 줄 모른다면.
—「함부로 사랑이라고 말하지 말아라」

양준석 시인의 시세계는 사랑을 시적 모티브로 삼는

다. 이러한 시인의 일관된 시선은 사물과 현상을 볼 때도 그대로 적용되며 이를 통해 일관된 사유체계를 구축한다. 시의 형태안에서 형식과 내용이 하나로 육화 되어 나타난다. 「반짝인다고 해서 모두 보석이 아니다」에서 '가끔 주위 사람들로부터 괜찮은 사람 있으니/누구를 만나보라는 권유를 받을 때가 있습니다./하지만 괜찮은 사람이라는 것만으로 사랑할 순 없기에/만나고 돌아서면 다시 혼자가 됩니다./혼자는 외롭지만 그래도 어쩔 수 없습니다./참 오래도록 혼자여도 할 수 없습니다./반짝인다고 해서 모두 보석이 아니기에.'는 차분하게 시인의 인식을 전개시켜 나간다. 「우리는」에서의 시적 묘사는 안정적이고 '사랑하는 동안/서로에게 향기가 되자.//우리는/서로의 가슴에 /아픈 상처를 보듬어 주자./서로의 아픔과 고통을/감싸주고 이해하여/따뜻한 마음으로 안아주자./나의 것을 더 준다 하여 아까워 말고 /더 주지 못한 것을 안타까워하자.'와 같이 우리가 미처 보지 못했던 것, 듣지 못했던 것을 직접적으로 일깨워주고 있다. 「사랑 2」에서는 일상에 보다 밀착된 시어를 통해 사랑에 대한 보다 깊이 있는 통찰을 시도한 흔적을 고스란히 담고 있다. '사랑이 오고 있다./가을 햇살의 호위를 받으며/사각거리는 낙엽과 함께/창 너머의 바람을 타고 /그가 오고 있다./일렁이는 내 심장에 그가,/사랑이 오고 있다.'가 원숙한

경지에 이르는 감각을 보여주면서도 정직한 자기 응시와 그것을 통한 사유를 심화시킨다. 「사랑6」의 '사랑 하나가/아무 기척도 없이 /마음에 마음에/쑥 밀고 들어왔다./가슴이 벅차다./참 따뜻하다./참 포근하다.' 역시 사유의 한 진경을 보여주고 있음을 알 수 있다. 시가 지녀야 할 말의 아름다움을 간직하고 있는「사랑은 첫 사랑처럼」에서 '연인들이/사랑을 할 때는/오래된 익숙함이지만/사랑은/만날 때마다 첫 사랑인 것처럼 /그렇게 하는 게 좋을 것 같습니다.' 와 같은 인식은 새로운 시선으로 관념을 형상화 하고 있다.

사랑을 할 때는
절대 두려움으로 시작하지 마세요.
시작된 만남에
미리 이별을 부여하지 마세요.
사랑을 하다가
사랑을 나누다가
헤어질 때 헤어지더라도
그대가 사랑하는
사람에게 최선을 다하세요.
처음부터 두려움에서 시작된 사랑은
결코 오래가는 법이 없습니다.
그만큼 자신 없는 사랑이기 때문입니다.
-「사랑을 할 때는」전문

사랑을 한다면
어린아이처럼 사랑하고 싶습니다.
무엇을 줘야하나
무엇을 받아야하나
얼만큼 줘야하나
얼만큼 받아야하나
얼만큼 다가가야하나
더 다가가야하나, 멈춰야하나
머리속으로 계산하지 않고
그저 사랑한다는 마음 하나로
그 마음 하나만 가지고
그냥 사랑하고 싶습니다.
주고싶은 만큼 주고
표현하고 싶은 만큼 표현하며
투정부리고 싶을땐 투정도 부리고
그렇게 그렇게 어린아이처럼
순수하게 사랑하고 싶습니다.
—「사랑은 어린아이처럼」

「절반의 인생」에서 '내 인생의 절반은/당신을 만나기 위한 것이었나 봅니다./그리고 나머지 절반은/당신을 사랑하며 살아갈 인생인가 봅니다.'처럼 양준석 시인은 사랑을 통해 자신을 비워내며 그 자리를 사랑의 대상으로 채우고 있음을 알 수 있다. 이러한 빈 공간의 상상력은 자기 내부의 타자를 여백의 시공간으로 환원시킨다.「그건 바로 당신」에서 시인은 '소리 내어 부르지 않아도/그립다고 노래하지 않아도/눈으로 당기면 살포시 다가와/사르르 손등에 내려앉아/가슴 속 가득히/스며드는 이름 하나/그건 바로 당신.' 이라고 말한다. 언어를 통해 미세하게 그려진 존재인 '당신'은 사랑의 이미지를 구체화하고 사랑과 소통하게 하고 세계와 소통하게 만든다.「당신의 미소」는 인간의 내면에 존재하는 사랑의 근원적 풍경을 읽어내고 있다. '당신의 미소가 참 좋아요/당신의 미소 속에 따뜻함이 있어/마음이 우울할 때 당신의 미소를/생각하면 그 미소에 스스로/즐거움에 젖습니다./당신의 웃음이 참 좋아요/마음이 허전하고 서글퍼질 때/당신의 웃는 모습을 떠올리면/나도 모르게 마음이 편해지며/행복해 집니다./그렇게 당신의 미소와 웃음은/내게 즐거움과 행복을 주는/사랑의 향기로 피어납니다./그 향기에 하루를 시작하고/그 향기에 하루를 마감합니다./그 향기에 취해 내 마음은 /마냥 햇살입니다.' 은 잔잔하면서도 큰 울림을 안겨준다. 서정의 풍요로움이 시를 지탱하고 있다.「아침이슬」역시 시인만의 세밀한 감각적 언어로 대상을 직조하고 있다. '여기 /하나에서 열까지/이길 수 없고 /어이할 수 없는 슬픔./아 아 지금은 /보듬어 안을 수 없음에/끝끝내 이를 사려 무는 /아침이슬 한 방울/하지만 그대여/가난하지만 정 깊은 /내 웃음 잊지 말아라/사랑하는 사람아.' 는 시에 독특한 리듬과 언어적 탄성을 보여준다.

너무 추워서 그리운거 아나요
날씨 때문에 몸이 추워서 아픈게 아니라
햇볕이 내리쬐는 한 낮에도 춥고
두꺼운 이불을 덮어 쓰고도
온 몸을 바르르 떨게 되는 그리움
온 종일 맘 안에 이는 그 따끔함들
어떻게든 견뎌내지 않으면
눈물이 나고야 말 그리움.
혼자여서 싫은 그런 날,
오래도록 전화라도 붙들고
그 누군가, 마음 가는 이 있다면
끊지만 않는다면 전화를 걸고 싶은 날
그저, 너무 추워서 전화를 했어
라고 말하고픈 그리움.
—「너무 추운 그리움」전문

사랑은 때론
그리울 때가 더 아름답기도 합니다.
사랑하는 이와 함께 하지 못하는

아쉬움에 목마르던 날들
그리움에 아파했던 날들
그 기다리는 시간마저도
서로 사랑 할 수 있어 행복하고
그리워하는 순간마저도 행복하기 때문입니다.
사랑은 둘이 함께 하는 행복도 있겠지만
때론 볼 수 없기에, 만날 수 없기에
사랑은 그리울 때가 더 아름답기도 합니다.
-「아름다운 그리움」.

「외로운 날에는」에서는 시인은 과거에 현존했던 비애를 누르며 인간사의 허망함을 누르며 생을 관조하는 지점을 서성인다. '모두 다 삶이 달라/제 각각 제 방식대로/사랑이니 우정이니 말을 하여도/어떤 이는 좋아서 그냥 만나고/어떤 이는 서로의 필요 때문에 만나고 /그러다가 어느 순간 헤어지는 사람들/그렇게 만나고 헤어지는 세상사/텅 빈 가슴에 아픔의 생채기가 남고./생각하면 눈물만 나는 세상 /만나면 하고픈 얘기 많고/가슴을 열고 정을 토해내고 싶어도/정작 그런 날에는/함께 웃고, 함께 울어 줄 이가 없어/혼자 슬픔에 젖어/웃어도 보고 울어도 보지만/불현듯 외로운 날에는/아무도 만날 사람이 없다.' 와 같이 그의 시어들은 감정을 토로하는 것에 그치지 않고 시적언어가 시인의 정서에 대응하는 방식이 새로운 미학을 구축하는데 성공한다. 시적 성숙을 보여주는「그리움은 꽃처럼」에서 '그리움은 꽃처럼/은은한 향내 풍기며/꽃 같은 그리움으로/수줍은 숨결 속에/은은한 빛처럼 스며들어/어느덧 그 향기 가득 하네//그리움은 꽃처럼 /꽃 같은 그리움이 곱게도 피네.' 역시 그의 황홀한 심상에 다가가게 만든다.「나이」에서 또한 '남자 나이 불혹을 넘기면/친구는 점점 적어지고 동료는 늘어간다./계절이 깊어갈 땐/때론 소주 한 잔 이라도/삶의 허기를 채우는 따뜻한 위로가 되기를.' 와 같은 지극히 아름다운 정신의 높이를 보여준다.'

양준석의 시세계는 '사랑'이라는 단어로 아우를 수 있다. 사랑이란 추상적인 감정을 형상화하는데서 끊임없는 질문을 던지는 시인은「사랑은 어디서부터」에는 그 근원을 묻는다.
'어디서부터가 사랑일까요./괜스레 걱정되고 /까닭없이 보고 싶은 /그 마음부터가 사랑일까요./머리로는 아니다고 하면서도/잠을 설칠 정도로 /생각난다면 그때부터 사랑일까요./알 수가 없네요. /도대체 어디서부터가 사랑일까요./긴긴 시간이 지나 /지나온 날들을 뒤돌아 볼 때/그래도 가슴이 아릿하다면/

그것이 사랑이었을까요.' 궁극적으로 '사랑'은 인간을 구원하는 것이며. 바로 존재를 의미한다.

잊어지겠습니까.
처음만나 그 설레이던 맘.
처음으로 손잡았던 날
잠 못 이루던 내 모습
처음으로 입 맞추던 날
그 짜릿함에 털석 주저앉아
한동안 일어나지 못했던 것도.
무슨 할 말이 그리 많았는지
핸드폰 배터리가 다 나갈 때까지
길고 긴 이야기를 나누며 지새우던 밤도
집 앞에 바래다주면서 귓속에
사랑한다고 속삭여줬던 수줍음도
집으로 들어가는 뒷모습을
보이지 않을때까지 지켜보던 것도
사소한 다툼 때문에 서러워 눈물 흘렸던 일도
태어나서 제일 행복한 생일을 보낼 수 있었던 것도
내 추억속의 주인공 이였던 당신,
그런 당신인데 어떻게 잊어지겠습니까.
-「잊어지겠습니까」전문

사랑하면서도 만나지 못하여
서로 어긋나는 안타까움과
그 애타는 심정을
어긋나보지 않은 이들은
잘 모릅니다.
기다림이 얼마나
가슴 아픈 일인가를
연꽃 줄기마냥
질긴 기다림 속에
기다려보지 않은 이들은
잘 모릅니다.
그렇게 긴 기다림으로
모가지가 길어진 꽃술이
그리움을 만나 안으로
안으로 파고들어
속으로 속으로만 피우는 꽃.
—「상사화」전문

「행복한 사랑」에서 시인은 사랑의 염원을 노래한다. 시인의 의식은 연인과의 사랑을 초월하여 그것은 보편적 세계에 대한 사랑이자 존재에 대한 사랑으로 확대되어가는 힘이다. '내가 누군가를 사랑함에/마지막 생을 마치는 그 순간/그 한 사람을 위해/내 사랑을 바칠 수 있어/행복하게 떠날 수 있기를!' 이라고 시인은 노래한다. 시적 사유을 심화하는「상처 2」는 '누군가 말했습니다./이 세상에/상처 없는 사람은 없다고./그래서 상처란/덜 아픈 사람이/더 아픈 사람을 /안아주는 것이라고.'라고 말하는 시인의 시선에 주목할 필요가 있다. 또한「들꽃」의 '저 동산에 이름 없는 꽃들이 많다./그 꽃들에 이름이 없다고 /구태여 이름을 붙일 필요가 있는가./내가 어떤 꽃에 사랑을 느낄 때/그 꽃의 이름을 모르면 어떠하랴/그 꽃에 사랑 할만한 게 있어/그 사랑을 느꼈다면/그 꽃 그대로 사랑하면 되는 것을.' 와 같은 인식의 발견은 대상의 내면을 섬세하고 치밀한 관찰을 통해 사유를 확장해 나가는 힘을 느끼게 한다.「단풍」역시 '제 몸 불태워 남기고 가는 선물/형형색색 어우러진 가을 빛깔은/애잔하고도 화려하게 곧 사라질 것들이/남기고 가는 선물./한 해에 꼭 한 번, 꼭 한 달/산은 불타오르듯 붉어졌다가/모든 걸 떠나보내고 쓸쓸해지는데/모든 사라지는 것들은 애잔하고 /저무는 것은 아름다운가./화려하면서도 쓸쓸하고/쓸쓸하면서도 화려한 가을.' 과 같은 시적 긴장이 예사롭지 않다. 견고한 언어와 사유를 통해 탄탄한 시세계를 보여주는 시인은「안녕이란 말은」에서 이르면 오랜 사색을 통해 깊이에 이르는 시선을 드러내기에 이른다. '안녕이란 말은/일상에서 가장 많이 하는 /말 중에 하나입니다./서로 만나면 반가워서 /하는 인사가 안녕입니다./그래서 안녕이란 말은/웃으며 들을수록 반가운 말입니다./안녕이란 말은 /시작과 끝을 동시에 알리는 /유일한 말이기도 합니다./만남을 말하기도 하지만 /이별을 말하기도 합니다./그래서 안녕이란 말은/세상에서 가장 짧고 /슬픈 말이 되기도 합니다.' 와 같이 서정적이며 생동감 있는 인식을 보여주며 양준석 시인만의 시적개성을 보여주고 있다.

당신

초판 1쇄 / 2009년 3월 30일
지은이 / 양준석
발행인 / 이경은
주간 / 양태철
편집인 / 황정산
편집 디자인 / 양혜경
펴낸 곳 / 현대시문학사

주소 / 경기도 광주시 실촌읍 신촌리 산1-1
동원대학 효암관 414호
031-799-8892(Fax 겸용)
016-851-0623
E-mail / hihd@paran.com
홈페이지: www.koreanpoetry.com
등록 / 1999.6.11 제13-619호